18,208.

Affaire

DES

COUVENTS D'ARGOVIE.

A SAINT-MALO,

DE L'IMPRIMERIE MACÉ, PLACE DE LA PAROISSE, N° 1.

1842.

AFFAIRE

DE LA

SUPPRESSION DES COUVENTS

D'ARGOVIE.

A SAINT-MALO,

DE L'IMPRIMERIE MACÉ, PLACE DE LA PAROISSE, N° 1.

1842.

Avant-Propos.

Bien des opinions sur la question des Couvents d'Argovie ont été livrées au domaine de la publicité, et, à ce titre, ont fixé l'attention de la république des lettres. De ces diverses opinions, plusieurs se font remarquer, entre autres l'opinion de minorité de Mr Neuhaus, avoyer : toutes ces opinions ont été écrites au milieu d'une atmosphère embrasée, pour ainsi dire, par la chaleur du combat et l'acharnement des combattants : c'est en vain qu'on attendrait d'elles un examen impartial. — Mr Neuhaus, dès le début de son imprimé, paraît prendre à tâche de faire assaut au principe de première évidence, qui résout l'état de la question : l'honorable avoyer, semble-t-il, eût eu tous les avantages de traiter à fond une aussi importante question, de la revêtir de tous ses attributs de vérité, au lieu de lui donner le reflet du prisme des passions politiques. L'affaire des Couvents d'Argovie étant une question de droit public, on ose présenter au public les réflexions qu'ont fait naître quelques instants d'examen loin du théâtre où s'agitent tant de passions : une telle question intéresse à un haut degré, dans tous les pays, les jurisconsultes, les penseurs de bien public, les amis d'une noble liberté, attendu que toute vérité de droit public intéresse les hommes pour qui l'avenir de la société, le progrès des bonnes institutions, surtout des institutions de liberté, sont loin d'être chose indifférente. Le droit public, considéré ce qu'il est, devient la propre cause de tout ami de l'humanité : l'avenir des sociétés repose tout entier sur le progrès du droit public : hors de là, point de salut pour les monarchies absolues, à plus forte raison pour les états constitutionnels. Des voies de fait contraires aux plus simples notions du droit ont pu, en des siècles de barbarie et d'ignorance, conduire à la fortune : les temps ont changé; maintenant, la position de chacun est exactement dessinée; toutes les sociétés européennes se trouvent en présence, et se placent, pour ainsi dire, sur le même rang, pour marcher, d'un commun accord, à leur bien-être et développement. Dans cet état de choses, la légalité seule peut conduire les fractions du genre humain à l'accomplissement de leurs destinées. Personne ne peut méconnaître que la violation

et le mépris fait au droit public entraîne le mépris et la violation des droits de l'humanité, porte atteinte à la cause de la noble liberté, en déchaînant les passions, que
l'on décore du nom prestigieux et toujours trompeur de Politique. Avec ce nom, et sous
son patronage, les droits les plus sacrés sont violés; les lois conservatrices de l'humanité,
des choses et des personnes, les plus simples notions d'équité et de conscience humaine
sont violemment outragées; l'harmonie de l'état avec ses lois et des citoyens avec l'état
est pervertie : là où régnait la concorde, le travail et l'industrie, naît le trouble qui
confond, et le mal qui détruit tout. — Voulez-vous déchaîner l'Anarchie dans un état?...
violez effrontément le droit public..... Voulez-vous faire le procès aux attributs les plus
sacrés des choses et des personnes?.... transportez sur le terrain de la politique une
question dont le principe appartient tout entier au droit privé et au droit public... — Un
trône écroulé en 1830, en face des souverains de l'Europe, comme stupéfaits, et malgré
leur alliance et garantie mutuelle, n'est-il pas une leçon donnée à l'humanité, pour le
mépris fait à un pacte désormais conquis et consacré par le droit public?... — La paix
dont on jouit en Europe, malgré la collision spontanée de prétendus intérêts politiques
des grands états souverains dans ces derniers temps, n'est-elle pas un avantage que
l'Europe possède par suite du retour de ces états souverains à la raison du droit public?
reflet salutaire de la sagesse de Dieu sur le gouvernement des hommes et des choses.

Le temps est si court, les vérités de premier ordre si urgentes pour le bonheur des
hommes, quand bien même la plupart d'entre eux voudrait arbitrairement restreindre des
vérités de premier ordre au rang de questions de localité, qu'on n'a nul doute que
l'on daigne accepter le fruit de ce travail comme un témoignage d'amour pour la Science,
la Science seule, parce qu'elle est la sauve-garde de l'humanité.

AFFAIRE

DE

LA SUPPRESSION DES COUVENTS D'ARGOVIE.

A Suisse, placée entre de vastes puissances continentales, à la source de grands fleuves, au centre d'immenses montagnes, semble avoir pour mission de résumer, dans ses vallons et ses gracieux coteaux, sur le bord de ses lacs populeux ou déserts, dans ses vallées industrieuses et dans ses cités, les divers éléments hétérogènes ou antagonistes qui se disputent le pouvoir au sein des sociétés européennes. Catholique et protestante, libérale et conservatrice, l'opinion publique en Suisse se fractionne d'une manière aussi complexe que variée, et le gouvernement fédéral, qu'elle possède depuis tant de siècles, semble avoir atteint, du premier jet, la combinaison politique la plus savante, la plus progressive, celle qui conduit l'Amérique à de si hautes destinées, et promet seule la possibilité, en attendant un gouvernement unitaire pour le genre humain, de concilier et de fondre les nationalités diverses qui le composent. — La Suisse doit marcher fièrement dans ses voies : conciliatrice, industrielle, intellectuelle en même temps, résumant les sommités des choses ; initiatrice par-dessus tout, et préparant la fusion des grandes puissances, qui, sans elle, se froisseraient douloureusement, où se rueraient les unes sur les autres.

L'affaire des Couvents d'Argovie, qui met en présence tous les principes religieux et politiques, semble être une conséquence de cette position particulière des états Suisses. — De la part des Couvents, obstination à résister aux nouvelles formes politiques, attachement à tout un ordre de choses écroulé ; de la part des Communes, esprit de progrès, besoin de réaliser des institutions nouvelles, un reflet de la démocratie tracassière et turbulente des vieilles révolutions, scission religieuse se produisant sur le terrain politique, d'un côté, par des traits qui sentent le fanatisme avec son ardent prosélytisme et son esprit d'association ; de l'autre, par le caractère haineux et hautain des sectes dissidentes ; en outre, absence de sens juridique, mais respect pour l'individu, modération pleine de sagesse dans les hommes influents. — De ces différentes causes, sont nés les événements d'Argovie, dont les journaux ont livré à la publicité les détails et les phases successives. — Tous les partis en présence semblent avoir eu leurs raisons et leurs torts : impuissants à se concilier, ils n'ont exprimé jusqu'ici que leur côté négatif : la Commune par la destruction d'un trait de plume, et sans distinction de tous ses Couvents ; les Couvents par la protestation pure et simple du nonce apostolique. — Cette question a plusieurs faces : elle concerne à la fois le droit privé, le droit public, la politique, et cette puissance de l'opinion, qui fait irrésistiblement marcher les peuples dans le sens de la liberté, du développement de l'industrie, de l'ordre, de la justice, et de la saine morale. Il faut tenir compte de ces divers ordres d'idées.

L'article 12 du Pacte Fédéral de 1815 porte : « L'existence des Couvents et Chapitres, et la conser- » vation de leurs propriétés, en tant que cela dépend des gouvernements des cantons, sont garanties ; » leurs biens sont sujets aux impôts et contributions publiques, comme toute autre propriété particulière. » Vainement le canton d'Argovie a voulu jeter des doutes sur le sens de cette disposition, pour légitimer la suppression qu'il a prononcée de tous ses Couvents. Le bon sens public l'a condamné. M^r l'avoyer Neuhaus, en particulier, dans son opinion de minorité imprimée à Berne, n'a pas dédaigné de descendre jusqu'aux subtilités de la plus misérable casuistique, pour donner le change sur le sens d'un texte aussi clair. Cette garantie, évidemment, a été accordée à tout le peuple Suisse, et aux corporations religieuses qui en font partie. Cette garantie est aussi absolue que toute autre garantie légale, et ces mots : « En tant » que cela dépend des gouvernements des cantons », ne peuvent signifier autre chose, si ce n'est que, si un ordre monastique venait à déchoir et à se disperser de lui-même, avec l'assentiment exprès ou tacite de l'Eglise, soit par le refroidissement du zèle des donateurs qui le soutiennent, soit par une destruction de ses biens, fortuite ou de force majeure, telle qu'une inondation, un incendie, une invasion hostile : dans tous ces cas, et dans les cas semblables qui peuvent être supposés, le gouvernement ne sera pas obligé de lui rendre l'existence et de restaurer ses propriétés. Tout ce qu'il s'engage à lui octroyer, c'est la protection légale : ces mots ne peuvent avoir un autre sens. Dès-lors, toutes les subtilités présentées par le président Neuhaus sur la garantie absolue ou conditionnelle, sur les personnes qui peuvent en réclamer le privilége, sur les difficultés politiques que pourrait faire naître son application, disparaissent devant la proclamation nette et formelle de ce principe : *L'existence des Couvents est garantie.*

« Cette garantie, dit l'honorable avoyer, est-elle donnée aux corporations religieuses?... On serait
» tenté de répondre affirmativement, si l'on n'était arrêté par la considération que des Couvents sont *évi-*
» *demment des tiers étrangers au contrat social*, et qu'ils ne peuvent y figurer comme parties contractantes.
» De plus, une garantie d'existence donnée aux Couvents, dans le sens de ceux qui la veulent absolue
» et péremptoire, qui déclarent qu'elle ne peut être retirée en aucun cas, aurait placé ces corporations
» religieuses au-dessus des états confédérés, etc., etc. » — Suit une série d'interrogations de cette force,
pendant une demi-page, qui feraient peu d'honneur à la portée d'esprit de M^r l'avoyer, si elles n'ac-
cusaient la bonne foi d'un homme de génie enlevé à lui-même, comme malgré lui, par le tourbillon des
luttes politiques, qui l'environne et le domine.

Dans cette malheureuse affaire, on a brouillé et confondu les notions les plus élémentaires. La souveraineté cantonale est absolue comme l'est toute souveraineté, en ce sens qu'elle comprend indistinctement tous les droits dont l'ensemble est nécessaire au maintien de l'ordre dans un état, droits dont tous
les publicistes font l'énumération, et au premier rang desquels se trouve le droit de rendre la justice.
Il ne peut être question d'une souveraineté fédérale, par opposition à la souveraineté cantonale, et qui
serait d'une nature supérieure à celle-ci. Cette hypothèse seule pourrait justifier la dévolution du juge-
ment des Couvents à la diète fédérale. C'est donc avec raison que la diète a décliné sa compétence,
parce que la souveraineté fédérale n'est point une souveraineté dans le vrai sens du mot ; mais une réunion
de diverses souverainetés égales et indépendantes, associées dans un but d'intérêt commun. — Effective-
ment, si la diète eût fait comparaître à sa barre, d'une part, les Couvents, de l'autre, le gouvernement
cantonal d'Argovie, elle eût commis une violation manifeste des droits de la souveraineté, en traitant
en égaux le souverain et son sujet.

Le canton d'Argovie est donc souverain, et a, comme tel, le droit de justice, c'est-à-dire, le droit
de prendre, dans l'intérieur de son état, toutes les mesures nécessaires au maintien de l'ordre, et qui ne
sont pas en opposition avec le Pacte Fédéral. Or, la suppression des Couvents est en opposition avec
l'article 12 de ce Pacte, qui garantit formellement leur existence.

Qu'est-il besoin de plus ample explication? La liberté individuelle est garantie : s'ensuit-il qu'un
criminel ne puisse être incarcéré?... La liberté de la presse est garantie : faut-il en conclure qu'on n'ait
pas le droit de poursuivre les calomniateurs, et qu'un citoyen ne puisse pas demander aux tribunaux la
réparation due à son honneur outragé?... Mais, suivez le cours ordinaire de la justice : révélez aux tribunaux les complots formés contre la sûreté de l'état ; indiquez ceux des moines coupables qui ont excité
à la révolte, fomenté des troubles, entretenu des correspondances et des liaisons hostiles à l'état : que
ceux-là ressentent toute la sévérité du bras séculier. La diète a le droit de s'enquérir si les formes de
la justice ont été exactement suivies à leur égard, s'ils ont été jugés et condamnés conformément au droit
commun, de manière qu'il soit *judiciairement certain* que la peine n'a frappé que des coupables ; que si,
au lieu de suivre cette marche, la seule constitutionnelle et légale, le canton d'Argovie biffe d'un trait
de plume les huit Couvents, dont la conservation était garantie par le Pacte Fédéral, la diète est en droit
de lui dire : Vous avez manqué au Pacte fondamental de l'union ; vous méritez d'en être exclus. En pro-
nonçant en masse la suppression des Couvents, vous avez fictivement réuni tous les Couvents en un seul ;
tous les membres de ce Couvent en une seule tête, sur laquelle vous avez hideusement abaissé votre
hache usurpatrice : l'odieux instrument sera brisé entre vos mains coupables!... (1)

— Quoi! c'est au nom de la liberté qu'on viole le Pacte conservateur de nos libertés!...

L'Europe est couverte de ruines... voulez-vous y en ajouter encore?... Ignorez-vous que, pour avoir
violé son Pacte fondamental, la France a vu tomber une dynastie de huit siècles?... La justice a-t-elle
donc deux poids et deux mesures?... Un peuple révolté sera-t-il toujours l'unique interprète et le juge
souverain de l'infraction aux lois constitutives?...

---

(1) Tout pouvoir qui viole sa Constitution ou son Pacte Fédéral, se dissout de lui-même. Le pouvoir d'Argovie, en violant
le serment qu'il a prêté au Pacte Fédéral, a prononcé sa déchéance. Dans cet état de choses, la régence du canton d'Argovie
est échue, de plein droit, à la diète fédérale. La diète n'a d'autre devoir, en déclarant le pouvoir d'Argovie déchu, que celui
d'en appeler au peuple Argovien, pour renouveler ses élections, jusqu'à reconstitution d'un nouveau pouvoir en harmonie avec
le Pacte Fédéral.

En attaquant l'existence des Couvents, n'avez-vous pas autorisé la guerre, que vous dites qu'ils vous ont faite? car enfin, si vous les excluez, ces hommes, des garanties du Pacte social, tout lien civil est brisé, et il ne reste entre eux et vous que la force, la force brutale.

En droit et en équité, la conduite du canton d'Argovie ne se soutient pas : il est impossible de la justifier.

Néanmoins, son gouvernement a essayé de le faire dans un volumineux factum, compilation indigeste de documents rassemblés sans discernement, accompagnés d'inductions et de conséquences fausses et perfides. Au milieu de ce barbare échafaudage, à qui l'on n'a pu donner que les fausses couleurs de la science, on ne peut accorder quelque valeur qu'à la partie qui traite de la conduite des Couvents envers l'état. Il paraît en résulter assez clairement qu'en effet les Couvents, tels qu'ils sont, font obstacle au progrès démocratique des idées, et à l'action des gouvernements.

On commence ce volumineux mémoire par jeter d'odieux soupçons et des couleurs défavorables sur la fondation des monastères, et sur leurs premières acquisitions. Ici, ce fut un larcin; là, une donation surprise; ailleurs, une usurpation manifeste. — Déplorable ressource qu'un argument à l'aide duquel on vient contester le droit de toutes les têtes couronnées, comme le droit de propriété du dernier citoyen.

Notre propriété, pourraient répondre les Couvents, se trouve justifiée par vos propres aveux, quand, pour l'attaquer, vous êtes obligés de remonter à un larcin de huit siècles.

Je jette les yeux autour de moi, et je cherche en vain, dans cette hypothèse même, une propriété plus légitime.

Remontez de quelques générations seulement, et scrutez les origines de toutes les propriétés privées... que trouverez-vous?...

Mais les Couvents ne sont pas réduits à réclamer le patronage d'une aussi longue prescription.

Sans suivre les auteurs du mémoire dans toutes leurs assertions à cet égard, ils diront que leur propriété a, en général, l'origine la plus respectable: des actes de donation, d'une part; de l'autre, leur travail : car c'est un fait que l'on passe sous silence, et dont il est juste, néanmoins, de tenir compte. Le travail des moines est la véritable source de leur richesse. Les terrains acquis, à l'origine, furent, le plus souvent, un pays inculte, des landes de peu de valeur. Ils ont défriché, labouré, fertilisé; ils sont devenus riches à force de travail et de vertus.

Leurs biens, dit encore le mémoire, en s'appuyant de l'autorité d'un docteur Suisse (Mr Balthazar), font partie de la *fortune médiate* de l'état : l'état a toujours eu sur ces biens une *propriété supérieure*. Cela fût-il exact, s'ensuivrait-il que l'état a le droit d'incorporer au domaine public cette fortune médiate?... Et n'eussent-ils qu'un simple usufruit, cet usufruit encore devrait être respecté.

Mais il est loin d'en être ainsi. Les auteurs du mémoire font ici un grand étalage d'érudition : ils ont cité nombre de faits, desquels il résulte que l'administration et l'aliénation des biens des corporations religieuses, ont, à toutes les époques, été soumises à des formes protectrices spéciales; puis ils terminent cette espèce de discertation en citant une loi du 17 juin 1798 (notez la date), qui met les Couvents hors la loi, et prononce leur suppression. — Admirable argumentation! la preuve que votre bien est à moi, c'est que je le dis depuis quarante ans.

Oui, en effet, à toutes les époques, les biens des corporations ont été soumis à des formes protectrices spéciales de la part de l'état; mais, ces formes elles-mêmes supposaient la reconnaissance des propriétés qu'elles ont pour objet de conserver. Les corporations furent assimilées, par le droit romain, à des pupilles, et leur administration à une sorte de tutelle. On sait que c'est là le principe fondamental de tout notre droit moderne, en ce qui concerne les corporations. (1)

Si l'on prenait la peine de suivre les auteurs du mémoire dans le détail des faits, il serait aisé de prouver que tous les documents qu'ils citent démontrent, au contraire, que les biens des Couvents furent toujours considérés comme leur propriété.

Ne semble-t-il pas que, pour autoriser la spoliation la plus patente, cette étrange doctrine restaure, sous un nom nouveau, les vieilles prétentions de certains docteurs du moyen-âge, qui attribuaient à l'empereur, sur les biens de ses sujets, un prétendu *domaine éminent*.

Veut-on nous ramener à l'état politique des anciens Égyptiens et des Chinois? ou prétend-on

---

(1) Autrefois, le titre d'avoué d'un couvent était un titre ambitionné par de grands princes : c'était le chef du couvent qui le donnait ou le refusait : ne serait-ce pas, en imposant aujourd'hui à un Couvent un avoué ou administrateur qui ne serait point du choix du Couvent, et qui, au lieu d'être le protecteur de ses intérêts matériels, ne serait qu'un tracassier censeur aux yeux d'Argus, comptant les morceaux qu'avale son maître, ne serait-ce point avec de tels administrateurs que pourraient commencer des altercations entre un état souverain et des Couvents. En droit et en équité, ce sont des protecteurs, et non des censeurs, qu'exigent les biens des Couvents.

sérieusement, comme on ne craint pas de l'énoncer d'une manière formelle, enlever aux moines toute garantie sociale, comme n'ayant pu figurer à aucun titre dans le Pacte Fédéral? (1)

La propriété des Couvents a toujours été une véritable propriété soumise à des formes protectrices spéciales. En voulez-vous une preuve sans réplique? relisez l'article 12 de votre Pacte fondamental : « L'existence des Couvents et Chapitres, et la conservation de *leurs propriétés*, en tant que cela dépend » des gouvernements des cantons, sont garanties; leurs biens sont sujets aux impôts et contributions » publiques, comme *toute autre* propriété particulière. » — Hé quoi! si les Couvents avaient des dettes, l'état se croirait-il obligé d'y faire honneur?... Vous vous récriez sur la mauvaise administration des moines, et vous dites que les Couvents ne pouvaient plus se suffire, malgré leurs richesses : accusez-vous donc vous-mêmes d'avoir aussi mal administré vos biens. Les biens des Couvents paient l'impôt : pourquoi les soustrairiez-vous à la protection commune? Comment prélevez-vous un impôt sur des biens qui sont dans le domaine public? Si c'est votre propriété, à quoi bon un décret et une liquidation? Vous n'avez touché jusqu'ici qu'une très-minime portion de vos revenus, annuellement, à titre d'impôt. Misérable équivoque! aujourd'hui vous voulez prendre tout. — N'est-ce pas juste et naturel? — Mais, d'où vient ce cri général d'indignation?... Pourquoi tout ce déploiement de formes légales?... Comment un acte aussi simple met-il tout votre pays en émoi?... A quel titre peut-il exciter seulement l'attention de la diète?...

Mais la question doit être traitée de plus haut, et considérée sous un autre point de vue.

A toutes les époques, les ordres religieux se sont librement institués, pour satisfaire aux besoins de la société : ils ont dû être en harmonie avec le milieu social ambiant, dans lequel ils étaient destinés à vivre. Au moment où ces conditions de leur existence ont cessé d'être, on voit ces ordres disparaître, et faire place à d'autres. On ne saurait contester ce fait général : seulement, il faut s'empresser de reconnaître que la suppression des ordres religieux se fait ordinairement par l'autorité ecclésiastique elle-même, ou du commun accord de l'autorité ecclésiastique et de l'autorité séculière, ou enfin, du moins avec l'acquiescement de l'autorité ecclésiastique. On en exceptera quelques cas rares, qui ne peuvent être pris pour règle.

Or, le moment est-il venu où les ordres religieux du canton d'Argovie ne seraient plus en harmonie avec les besoins de l'époque?...

Disons-le : s'il existe dans l'état des corporations qui absorbent à elles seules plus de revenus que la communauté entière ne peut en consacrer à l'administration de l'état; si ces revenus sont consommés dans un but d'utilité privée, sous le prétexte de contribuer au bien-être général; si ces corporations sont des moyens de résistance au triomphe des idées libérales, de ces idées qui appellent tous les hommes, indistinctement, à prendre part à la plus grande somme possible de bien-être matériel et moral; si, bien plus, elles sont habituellement un foyer d'intrigues, un centre d'associations hostiles au gouvernement établi, il faut bien, il est nécessaire, inévitable, que ces corporations cèdent à la force des choses, et qu'elles cessent de faire obstacle au progrès social. Fatalement elles seront effacées, au mépris même des droits les mieux établis, si elles ne se retrempent dans la faveur populaire, qui légitime leur origine. Qu'elles servent le bien public, si elles veulent vivre. Il y a donc ici une transaction à ménager, une transaction infiniment désirable, parce que ce n'est que par elle qu'on pourra éviter d'affligeantes catastrophes.

Il faut le dire encore : en face des faits graves qui sont dénoncés, une protestation pure et simple est peu de chose. — N'appartiendrait-il pas à l'autorité ecclésiastique, de concert avec l'autorité civile, d'aviser aux moyens de faire rentrer les Couvents, qui sont la démocratie de l'Église, dans le sens démocratique des sociétés?... Pour cela, deux voies sont ouvertes : 1°. une substitution de personnes ; 2°. une substitution de corporations; 3°. rappeler l'esprit de ceux d'entre les Couvents qui demeureraient stationnaires au progrès de leur esprit primitif. Les Couvents se sont librement institués, pour répondre aux divers besoins intellectuels, moraux et physiques de l'humanité. Pourquoi les Couvents ne s'appliqueraient-ils pas au développement progressif de ces divers besoins?... Vainement alléguerait-on ici l'inflexibilité de la règle monastique : l'humanité a ses exigences, qui sont sacrées et respectables comme la religion et la nature. Si la règle d'un ordre ne satisfait plus à un besoin social, n'en trouvera-t-on point d'autre qui remplisse cette condition? le zèle apostolique est-il éteint?... Au milieu des événements qui se précipitent, et dans cette noble ardeur de l'humanité marchant à grands pas vers un ordre de choses qui traduise ses idées, et réponde à ses besoins, l'Église se renfermera-t-elle dans une dure et froide exclusion?... Ah! plaise à Dieu qu'il n'en soit pas ainsi!.... Est-ce que l'humanité n'est pas là, souffrante, ignorante, haletante sous le poids du jour et de la chaleur?... N'y a-t-il plus, en Suisse, de pauvres malades à soigner et à guérir?

---

(1) Un acte solennel de protection donné à toutes les corporations de citoyens qui composent une nation n'exige pas que toutes les corporations soient présentes à la stipulation de cet acte. Cet acte est donné, à la nation, comme garantie de paix intérieure; à l'Europe, comme garantie de paix extérieure. Que les députés de la nation aient assisté pour signer les conditions que l'acte exige d'eux.... que faut-il de plus?

Quatrième page, quarante-unième ligne. *Pour cela deux voies sont ouvertes*, lisez :

Pour cela trois voies sont ouvertes : 1º. Rappeler, par tous les moyens possibles d'émulation et de bienveillance, au progrès de leur esprit primitif, ceux d'entre les Couvents qui demeureraient stationnaires. Il est dit dans la Sainte Écriture : *Qui n'avance pas recule* : il est plus que jamais dans l'intérêt des Couvents d'avancer ; mais, à cette fin, il faut, de la part des gouvernements, bienveillante protection ; leur indifférence ou leur haine tue l'émulation au lieu de la vivifier : de même que des faveurs arbitraires, et sans un noble but, désorganisent l'existence morale des Couvents, de même aussi une protection loyale, et dans un but national, est propre à donner une vie nouvelle à des institutions que l'erreur et l'ignorance des temps modernes ont laissé tomber en décrépitude. 2º. Cette voie bien-veillante rencontrant des obstacles dans l'opiniâtreté ou la mauvaise volonté de quelques membres, on doit opérer par substitution de personnes. 3º. Les membres opposant de la résistance ou de la mauvaise volonté étant non-seulement quelques-uns, mais formant toute la corporation, on doit opérer par substitution de corporation. A cette fin, il importe que les deux pouvoirs s'entendent : le pouvoir ecclésiastique, dans l'intérêt même de la religion, ne reculera pas devant des réformes faites avec ordre et sagesse, et non un esprit destructeur et antagoniste. Les Couvents sont des monuments de progrès et de civilisation, légués par les temps anciens aux temps modernes ; il importe de les vivifier par tous les moyens que donne non un aveugle despotisme, qu'un gouvernement républicain est moins en droit que tout autre d'employer, mais par les moyens que donne un ascendant de science et de persuasion, de force morale en un mot. Les Couvents se sont librement institués, etc.

d'aliénés à garder? (1) d'ignorants à instruire? d'arts industriels à répandre? de sciences à cultiver? de terres à exploiter, en popularisant les bonnes et saines méthodes d'agronomie? N'y a-t-il pas, au milieu de vos discordes civiles, de malheureuses victimes qui ne peuvent trouver dans le monde un lieu de repos et un asile?... — Pourquoi les ordres religieux seraient-ils étrangers à toutes ces choses? pourquoi s'opiniâtreraient-ils à demeurer dans l'inaction de la vie ascétique, quand les multitudes croissantes cherchent, dans l'activité de la vie industrielle, la première condition de l'existence?

Que les Couvents s'offrent d'entrer donc dans les voies de conciliation. La cour de Rome, dont la politique est si habile dans le maniement des affaires et des hommes, saura opérer les substitutions nécessaires : c'est à ces conditions seules que les Couvents peuvent échapper au destin qui les menace. Ils auraient tort de s'appuyer sur la protection des princes : l'impulsion humanitaire est donnée; elle est irrésistible. Que par des transactions, des acquiescements habilement ménagés, des remaniements, des créations d'ordres nouveaux; que par tous les moyens d'ascendant et de persuasion dont ses mains sont pleines, l'autorité ecclésiastique arrive au résu'tat désiré; qu'elle réussisse à sauver tout ce qui peut l'être. Il est à croire que les cantons ne se montreront pas hostiles à ses démarches : car enfin, quel intérêt peuvent-ils y avoir?... Si l'on détruit les Couvents, la destruction doit frapper ou les propriétés ou les personnes. — Les personnes? En sécularisant un moine, le rendra-t-on, je le suppose, moins ennemi de l'état? et quand, au lieu de trente personnes cloîtrées dans un couvent, le gouvernement aura trente pensionnaires trainant dans tout le canton leur existence malheureuse et désorganisée, aura-t-il beaucoup amélioré sa condition?... — Mieux vaudrait les proscrire!... Spectres vivants de l'iniquité la plus flagrante, leur vue habituelle, dans cet état de déchéance, ne sera-t-elle pas singulièrement propre à exaspérer les esprits?... Leur influence, alors, ne sera-t-elle pas et plus hostile et plus puissante?... et cette guerre qu'ils feront à la patrie, dans son sein même, n'aura-t-elle pas une couleur légitime?... car enfin, vous les avez exclus, ces hommes, du Pacte Fédéral; et, dans la position extrême où vous les réduisez, qu'existera-t-il, que peut-il exister entre eux et vous, que la force?...

Les propriétés? Mais, en les incorporant au domaine public, leur donnerez-vous plus de valeur?... Hélas! l'histoire est là pour apprendre que les accaparements et les confiscations n'enrichissent pas les états. Celui qui confisque ressemble à cet homme qui, voyant son voisin défricher un champ, s'y opposerait, pour conserver une p'us grande valeur au sien propre, comme s'il n'était pas d'expérience que les terres croissent en valeur à mesure que leur culture se propage. La terre est assez grande : il y a de l'espace pour tous. Ne détruisez pas une économie créée : établissez à côté d'elle d'autres et de nouvelles économies; celle-là ne nuira point à celles-ci; tout au contraire, sauf le cas d'un antagonisme haineux et hostile. Les sociétés industrielles sont à l'ordre du jour; on réclame des ateliers nationaux : faites des sociétés d'industrie; élevez des ateliers nationaux. Et si quelque jour vos neveux suscitent de semblables persécutions contre des établissements florissants alors, qu'ils devront à vos travaux et à votre philantropie, qu'ils n'aient pas le droit, du moins, de s'autoriser de votre exemple. L'humanité ne doit-elle pas avoir tous ses essors? n'est-ce pas la plus essentielle condition de son progrès?... En convertissant en granges et en casernes des bâtiments séculaires, où se concentrent tant de pieuses et légitimes illusions, tant de souvenirs historiques, tant de généreux efforts vers l'esprit d'association, vous n'aurez pas enrichi l'état. Qu'il vous suffise, comme nous l'avons dit, de rappeler les Couvents à leur esprit primitif, et, si cela est nécessaire, de rétablir l'ordre et l'exactitude des exploitations rurales et économiques; que la culture des terres des Couvents soit le modèle de culture perfectionnée et progressive dans la localité. Qu'il vous suffise de voir tourner au soulagement du peuple les revenus de ces vastes biens, et l'activité intellectuelle des moines.

Jetons un coup d'œil sur cette question des Couvents d'Argovie, en rapport avec la mission de conciliation et de fusion que le gouvernement fédéral a rempli jusqu'à ce jour, et qu'il semble appelé à sanctionner au milieu des éléments hétérogènes qui ont divisé, depuis si long-temps, les sociétés européennes. Le Pacte Fédéral, dans toute sa force et vigueur, paraît être l'instrument objectif de cette fusion.

Pour être signé et conclu en 1815, le Pacte Fédéral n'est pas moins un chef-d'œuvre de haute politique, de politique libérale et conciliante; politique qui semble seule ouvrir l'avenir en Europe, avant les grandes destinées de concorde et prospérité qui l'attendent.

Citons les principaux articles de ce Pacte, qui commence par ces mots :

AU NOM DU TOUT-PUISSANT.

« *Article 1er.* Les vingt-deux cantons Suisses (suivent les noms des cantons,
» au nombre desquels se trouve, notez bien, celui d'Argovie) se réunissent par le

(1) Il est, en France, un ordre religieux voué au soin des aliénés, et que l'autorité départementale protége.

» présent Pacte Fédéral, pour le maintien de leur liberté et de leur indépendance,
» contre toute attaque de la part de l'étranger, ainsi que pour la conservation de l'ordre
» et de la tranquillité de l'intérieur. Ils se garantissent, réciproquement, leurs consti-
» tutions, telles qu'elles auront été statuées par l'autorité suprême de chaque canton,
» en conformité avec les principes du Pacte Fédéral. »

Ensuite viennent quinze autres articles, après lesquels figure une dernière clause en forme de note ; puis la formule du serment au Pacte Fédéral : viennent en dernier ressort les paroles sacramentelles que les députés de chaque canton ont proférées à haute et intelligible voix, ainsi qu'il suit :

« Le serment qui vient d'être lu, le haut état que je représente ici le tiendra
» et l'exécutera fidèlement, sans fraude : Je le jure, au nom du Tout-Puissant, aussi
» vrai que je désire qu'il me fasse grâce. »

Comme on vient de le voir, et comme on peut s'en assurer par sa lecture entière, le Pacte Fédéral n'est pas autre qu'une profession de foi de principes d'ordre politique en harmonie, non-seulement avec les exigences d'ordre dans l'intérieur de la Suisse, pour le passé comme pour son avenir le plus lointain, mais encore pour le maintien de son indépendance et de sa paix extérieure. Maintenant, le gouvernement fédéral, qui n'est pas une souveraineté, dans le vrai sens du mot, comme nous l'avons dit, mais une agrégation de souverainetés égales et indépendantes, associées dans le but d'un intérêt commun, ne peut être une souveraineté opposée à la souveraineté d'un canton quelconque, il est vrai ; mais, chaque fois que le pouvoir d'un canton se dissout par la violation d'un serment, condition de sa souveraineté, la diète fédérale devient le tuteur naturel et légal de la régence de ce canton, jusqu'à recomposition d'un nouveau pouvoir en harmonie avec l'intérêt commun des souverainetés associées.

Les cantons, est-il dit dans le premier article du Pacte, se garantissent leurs constitutions ; *le pouvoir, par conséquent, que représente les constitutions*, telles qu'elles auront été statuées par l'autorité suprême de chaque canton, en conformité (notez-le bien) avec les principes du Pacte Fédéral. Cette garantie, comme on le voit, donnée par la diète, est une garantie portant clause et réserve obligatoires de la conformité desdites constitutions cantonnales avec les principes du Pacte Fédéral. La clause et réserve de conformité desdites constitutions avec les principes du Pacte Fédéral emportent implicitement avec elles la dissolution ou révocation des constitutions cantonnales en dissidence avec le Pacte, et, par conséquent, du pouvoir que les constitutions, ordonnances, décrets et réglements dissidents ou contraventionnels représentent.

Ce n'est pas en vertu d'une souveraineté absolue et exclusive dont serait investie la diète, répétons-le encore, que cette dissolution ou révocation d'un pouvoir cantonnal dissident s'opère, mais en vertu du retrait que fait le pouvoir cantonnal de sa foi jurée et garantie. Ici, la nature du plus simple contrat synallagmatique, sous clause et réserve de garantie de part et d'autre, explique le principe de cette dissolution ou révocation.

Ce n'est pas, en d'autres termes, la souveraineté du contractant demeuré fidèle aux conditions et teneurs du contrat qui implique à l'autre partie peine et condamnation pour son infraction ; mais c'est le droit et la force de loi qui retire à l'infracteur son droit et pouvoir d'agir en sens opposé du contrat. Droit et force de loi est donc restée à la diète ; mandat de tutelle légale et naturelle lui est dévolu, par l'état de minorité où se place le canton d'Argovie. Le droit usuel et le droit commun expliquent la nature du mandat qui survient à la diète en pareille circonstance. La diète, avons-nous dit, par son gouvernement fédéral, a montré, en tout temps, que le but et la sagesse de sa mission était la conciliation et la fusion des principes divers qui ont divisé si long-temps et si *sanglamment* l'Europe en tout sens. Comment sanctionnera-t-elle cette fusion, en dehors du droit et de la force de loi qui lui appartient ?...

Souscrira-t-elle, par faiblesse, la radiation de quelques Couvents ? ce qui est ici, à-peu-près, la même chose que tous ; car le Pacte Fédéral garantit tous les Couvents et Chapitres, sans exception. L'on ne peut sacrifier le plus petit Couvent, sans violer le Pacte Fédéral, qui est une garantie d'ordre, non-seulement pour la Suisse, mais pour l'Europe entière. Le plus petit des êtres, dans la nature, a sa part, comme le plus grand potentat du monde, de droit et justice éternels. En sacrifiant un seul Couvent, la diète violerait ce droit sacré pour les états absolus, à plus forte raison pour une démocratie : elle romprait, en outre, l'équilibre des éléments hétérogènes et antagonistes qui se trouvent dans son sein, comme au sein des autres états de l'Europe : éléments protestants et catholiques, éléments de démocratie stationnaire et rétrograde, éléments de démocratie progressive et conservatrice, éléments de démocratie turbulente et tracassière, éléments de démocratie spoliatrice et anarchiste : ces éléments hétérogènes et antagonistes se croiseraient, pour se déclarer une lutte d'autant plus à craindre qu'elle a été, jusqu'à ce jour, sagement comprimée par de savantes combinaisons.

La lutte ne serait pas instantanée que l'on n'aurait que plus à craindre pour l'avenir de la prospérité politique de la Suisse.

La diète ne peut qu'adhérer purement et simplement au maintien intégral du Pacte, et lui porter main-forte. Ici, s'il y a une transaction à opérer, par voie de substitution, il n'y a pas de transaction possible par voie de concessions faites à un parti plutôt qu'à un autre. La teneur seule de l'article 12 du Pacte, et la solidarité des autres articles, sont ici les seuls principes de détermination et d'action. Sans ces principes, point d'équilibre entre les éléments hétérogènes qui peuvent se disputer effrontément la suprématie de l'influence en Suisse, et y semer l'anarchie; par conséquent, point de conciliation et de fusion de ces mêmes principes. Le Pacte Fédéral est une garantie d'ordre donnée, non-seulement à la Suisse, pour ses propres intérêts, mais encore le Pacte Fédéral devient une garantie d'ordre donnée à l'Europe, pour la part d'intérêt que le pacte fondamental des diverses puissances trouve dans l'état, tel quel, des constitutions existantes, constitutions que les mêmes puissances ont jugé, soit tacitement, soit ouvertement, être en harmonie avec les besoins et le sage progrès des peuples modernes. Les divers états de l'Europe, donc, ne peuvent s'empêcher de prendre un vif intérêt au maintien de l'ordre et de la paix régnantes. — Les circonstances qui ont accompagné et suivi la composition et la stipulation du Pacte Fédéral ne sont pas sans intérêt, pour bien comprendre toute la part que peuvent prendre les grandes puissances au maintien et à la conservation intégrale du Pacte. Il paraîtrait que le Pacte Fédéral rédigé en 1815, l'a été au su et vu des commissaires généraux des grandes puissances. Frappés de la sage combinaison que le Pacte émet des principes antagonistes et hétérogènes qui avaient si long-temps divisé et ensanglanté l'Europe, les commissaires généraux en référèrent à leurs souverains respectifs, et obtinrent, pour la Suisse, l'adjonction de trois cantons aux dix-neuf qui existaient déjà. Les trois cantons furent Valais, Genève, Neufchâtel : de plus, le congrès de Vienne, par deux actes du 20 mars 1815, réunit au canton de Genève une petite partie du territoire de la Savoie; en outre, stipule que les provinces de Chablais et de Faucigny, le territoire au nord d'Ugine, dans les états Sardes, feront partie de la neutralité de la Suisse.

Le traité de Paris en date du 20 novembre 1815, entre la France, d'une part, et l'Autriche, la Russie, l'Angleterre, la Prusse et leurs alliés, de l'autre part, donne à la Suisse une portion de territoire dans le pays de Gex, pour maintenir la communication directe de Genève avec le reste de la Suisse. En vertu de ce traité, les fortifications d'Huningue restèrent détruites, et la France s'engagea à ne les rétablir dans aucun temps, si ce n'est à une distance de la ville de Basle, au moins, de trois lieues. Le 20 novembre 1815, jour du traité de Paris, l'Autriche, l'Angleterre, la France, la Prusse, le Portugal, la Russie, donnèrent une reconnaissance formelle et authentique de la neutralité perpétuelle de la Suisse, lui garantirent l'intégrité et l'inviolabilité de son territoire. Comme on le voit, les puissances alliées, par tant de concessions, reconnurent implicitement à la Suisse l'importance de sa mission de conciliation et fusion au centre des éléments divers et opposés qui avaient tant et si long-temps agité l'Europe.

Maintenant, revenons à la dernière clause du Pacte Fédéral : « Les vingt-deux cantons, est-il dit,
» se constituent en confédération Suisse : ils déclarent qu'ils entrent librement, et de bon gré, dans cette
» alliance; qu'ils l'observeront fidèlement, en frères et confédérés, dans toutes les circonstances; en
» particulier, qu'ils rempliront mutuellement, et dès-à-présent, tous les devoirs et toutes les obligations
» qui en résultent : et, afin qu'un acte aussi important pour le salut de la patrie commune reçoive, selon
» l'usage de nos pères, une sanction religieuse, ce Pacte Fédéral sera non-seulement signé par les députés
» de chaque état autorisé à cet effet, et muni du nouveau sceau de la confédération, mais encore confirmé
» et corroboré par un serment solennel au Dieu Tout-Puissant. — Ainsi fait et scellé par Messieurs les
» députés et conseillers de légation des états confédérés (au nombre desquels, notez bien, se trouve celui
» d'Argovie), le 7 août 1815. » — Suit la lecture du serment dont nous avons parlé plus haut; puis les paroles sacramentelles proférées par chaque député.

Comme on le voit encore, un Pacte a été sanctionné par le serment de toutes les parties contractantes, avec la teneur de *fidélité sans fraude*; de plus, les puissances alliées ont donné un gage de leur sanction, par une concession de leur territoire, avec garantie de l'intégrité et de l'inviolabilité de ce territoire. — Il est évident que ce Pacte Fédéral a été reconnu comme une pierre angulaire de l'édifice politique européen, destinée en même temps à l'esprit de conservation et de progrès; que ceux qui auraient la témérité d'enlever à cette pierre angulaire quelque chose de son aplomb ne peuvent qu'encourir le blâme des puissances alliées. — Vous avez prêté serment, diront-elles au canton d'Argovie, à la face de l'Europe, avec la clause stricte de *fidélité sans fraude*, et vous oserez violer votre serment sans cause imprévue et donnée de force majeure?... Des souverainetés plus anciennes que la vôtre, et tout aussi respectables, ont croulé pour avoir violé leur serment; et vous, souverains qui datez de la veille, vous violeriez impunément votre serment, en dépit des sanctions et concessions données par nous à votre patrie commune, pour le maintien et le progrès de l'ordre au centre de l'Europe : vous reprochez à nous, Autriche et France, que nous avons bien supprimé nos couvents. — Nous, Autriche, nous vous répondrons que l'esprit démocrate des couvents est peu compatible avec un gouvernement absolu ; que les couvents ne déparent pas dans une démocratie, quand une démocratie sait dominer, par sa sagesse, la hauteur des choses. — Nous, France, nous vous répondrons que les couvents, chez nous, sont tombés par la force majeure des événements, et qu'aujourd'hui nous rétablissons ceux qui veulent marcher dans une voie de progrès et d'utilité publique.

Quoi ! vous éléverez impunément l'étendard de l'anarchie dans un pays qui est appelé par la Providence à cimenter la paix, le progrès et la tranquillité publique en Europe ?............

Si la diète manque de force pour réaliser la noble mission de conciliation et de fusion des principes et des éléments divers qui se trouvent au sein de la Suisse, comme encore dans les divers états de l'Europe, l'Autriche et la France, dans l'intérêt de la garantie de leurs constitutions fondamentales et respectives, comme dans l'intérêt de la prospérité future de la Suisse, ne peuvent qu'intervenir par voie conciliante d'abord ; et, cette voie manquant son but, par voie d'intervention armée (1) : celle-ci, par la nature des événements, serait du moins aussi juste, aussi rationnelle que l'intervention d'Ancône et de Belgique ; car la Suisse, par son importante mission politique, tient le suprême échelon de la politique d'avenir en Europe, et bien autrement qu'Ancône et Bruxelles.

Dans cette question des Couvents d'Argovie, restent à balancer les considérations de la politique et de l'opinion, ce jury éternel et irrévocable de la conduite des peuples et des rois. — La politique, qui n'est pas autre que le sage maniement des intérêts complexes, matériels et moraux, et l'opinion, qui juge des faits et des événements, en rapport avec les idées d'ordre et de justice, n'ont cessé de présider la marche de tout gouvernement sage et consciencieux. — La Suisse, par sa loyauté, sa probité sévère, en toute circonstance, a été placée, par l'opinion, au rang des premières nations de l'antiquité, et même bien au-dessus de la réputation des peuples modernes. — Entre-t-il dans la politique de la Suisse de fouler aux pieds l'opinion, qui n'a cessé de la distinguer jusqu'à ce jour entre toutes les nations, et dont la puissance fait irrésistiblement marcher les peuples dans le sens d'une noble liberté, du développement de l'industrie, de l'ordre, de la justice et de la saine morale ?... Ce texte n'a pas besoin de commentaires.

Telle est la nature et le principe des événements et des choses, et leur conséquence naturelle ; et telles sont, en résumé, les plus simples données de droit privé et de droit public sur cette affaire, qui excite en ce moment l'attention de l'Europe. — Les Couvents sont, incontestablement, fondés en droit, et, en les détruisant, quels qu'ils soient, tous indistinctement ou seulement quelques-uns, on viole le Pacte fondamental. — La protestation du nonce est insuffisante, en présence des faits graves qui sont dénoncés : il est nécessaire que les deux pouvoirs s'entendent et tombent d'accord sur les réformes qui peuvent sauver les Couvents de la destruction qui les menace. La politique romaine est assez habile et assez puissante pour accomplir ces réformes : il est à espérer qu'elles suffiront au rétablissement de la tranquillité publique, dans un pays où les hommes influents ont assez de bon sens et de modération pour accueillir de leurs suffrages de semblables réformes, opérées dans d'autres couvents. — En veut-on la preuve ?... On la trouve dans le mémoire justificatif du canton d'Argovie lui-même. — Qu'il soit permis d'en citer ici un extrait :

« Avec leurs millions, ils ne faisaient rien spontanément (nos Couvents) pour la prospérité générale » du pays.

» Précédemment, et dans d'autres pays, il n'en était pas de même : le vénérable abbé Steinegger de » Wettingen, après les orages de la révolution, ayant reconnu, dans les tendances du gouvernement » Helvétique, un effet de l'esprit et des besoins du temps, se rangea sous sa bannière ; et ce n'est certes » pas un déshonneur pour Argovie de ce qu'un abbé de Wettingen fût membre du premier conseil » scolaire institué dans le canton. — En 1830, lorsque le génie de la patrie prit un nouvel essor, et que » tout le peuple demanda une meilleure éducation, le vénérable prélat de Kreuzlingen ouvrit hospita- » lièrement portes et cellules au séminaire des régents du canton, et Weheli donna au couvent une

---

(1) Cette intervention ne peut avoir lieu sans donner la garantie la plus formelle du maintien le plus strict de l'ordre essentiel et accessoire envers les personnes et les propriétés, de quelque condition et nature qu'elles soient. Que les instructions formelles soient données aux officiers de tout rang, aux soldats de tout âge : que justice soit rendue à toute plainte fondée contre les membres, quels qu'ils soient, de l'intervention, qui auraient contrevenu. — La France, de son côté, ne doit pas perdre de vue qu'elle doit faire oublier ses désastres de quatre-vingt-treize, aussi bien que l'indiscipline de quelques-uns, faisant partie de l'armée de ce temps-là. Qu'en outre une intervention se fasse sans frais : rien de plus impolitique, pour de grandes nations, que de donner une note de frais pour services rendus ; mais les grands états sont assez nobles et éclairés pour qu'une telle remarque soit ici déplacée et incongrue.

» importance telle qu'aujourd'hui sa suppression *serait un acte de barbarie aux yeux de l'Europe*. A Soleure,
» lorsque, il y a nombre d'années, le besoin d'un meilleur système d'éducation se fit généralement sentir,
» les moines les plus habiles du couvent des Franciscains, des nobles frères du père Girard, comprirent
» aussitôt ce que l'esprit du siècle et le devoir leur demandaient; et tous ceux qui le purent, sans
» exception, se mirent sur les rangs, pour se consacrer à l'instruction de la jeunesse : le digne père
» gardien lui-même, voyant le gouvernement dans l'embarras, se chargea provisoirement des fonctions
« de régent. L'appel du siècle pénétra même jusque dans la solitude de saint Colomba, et, en dépit des
» mugissements du Rhin et des cris du fanatisme, le pieux abbé du couvent de Dissentis y répondit, et
» offrit à sa patrie sa maison, pour y fonder une école catholique cantonnale; et l'antique couvent
» s'est rajeuni de dix siècles, etc. » (*Extrait du Mémoire sur les Couvents d'Argovie, traduit de l'Allemand,
et imprimé en Français, à Délémont. 1841.*)

NOTES ET REMARQUES.

L'esprit de saint Benoît a joint, de tout temps, aux devoirs de la vie ascétique, les habitudes d'une vie active,
la culture des terres, des sciences et des arts. Aujourd'hui on cultive mieux les terres qu'au temps de saint
Benoît : la congrégation de Muri ne pourrait-elle pas devenir le centre d'une école agronomique perfectionnée,
et suivant le progrès de la science? Des sciences ont été créées depuis la fondation de saint Benoît : les religieux
ne pourraient-ils pas joindre à leur enseignement agronomique l'enseignement de la chimie appliquée? Il en est
de même pour les belles-lettres, la philosophie de l'histoire, et cette partie des beaux-arts qui rappelle les tradi-
tions religieuses : l'art religieux, en un mot, envahi depuis tant de siècles par l'ignorance, et prêtant au ridicule
et à l'impiété; l'art religieux, de concert avec les autres sciences, ne pourrait-il pas devenir une étude spéciale
dans les loisirs des moines de Muri; l'étude des sciences naturelles, comme de l'art religieux, ne peut que
sympathiser avec la vie du cloître et l'esprit de prière.

Les moines destinés à la prédication, comme les moines de Bremgarten, ne pourraient-ils pas suivre le progrès
dans l'art de persuader et d'instruire, visant à éclairer les esprits, plutôt qu'à produire de l'effet en remuant
les passions : il est reconnu que ce genre d'éloquence n'a pas un résultat durable, pendant que l'autre porte des
fruits meilleurs et constants.

On a souvent reproché aux prédicateurs de se poser sur la chaire comme antagonistes, et non comme des
conciliateurs par esprit de foi et de charité. Au lieu de cet esprit de lutte, d'antagonisme, qui a envahi la théologie
du seizième siècle, ne pourrait-on pas faire parvenir la prédication à la hauteur de cette philosophie chrétienne
qui conduit au cœur, en éclairant les questions de controverse par le flambeau de la philosophie moderne, philosophie de conciliation et de fondation.

La révolution de quatre-vingt-treize avait aboli les couvents en France : on a été surpris, il y a quelques
années, de voir, pour la première fois depuis quarante ans, un Dominicain en costume de son ordre, dans la
métropole de Paris, capitale du monde libéral, prêcher à la multitude assemblée, avec un talent de philosophie
chrétienne inconnu avant lui : les gens de toutes sectes et croyances religieuses couraient en foule à ses philoso-
phiques instructions : de-là, une grande impulsion donnée, d'abord à l'esprit de tolérance, puis à l'esprit de charité
chrétienne, puis au progrès de l'enseignement religieux en France.

On reproche aux couvents des femmes, en général, de donner aux jeunes personnes du sexe, dans l'enseignement, le goût des vanités du monde et des travaux puérils, plutôt qu'une piété solide et une éducation
basée sur des travaux sérieux et utiles, travaux adaptés à la condition de toute femme destinée à devenir mère
de famille. — Le Couvent d'Hermetschwil ne peut-il rien offrir à l'amélioration de l'éducation des femmes, dans sa
localité? L'éducation nationale des femmes de tout rang, dans le canton d'Argovie, est-elle tellement perfectionnée et pourvue par les soins de l'état qu'il soit impossible de faire mieux, et superflu de faire aussi bien?

La Suisse est généralement pauvre en établissements nationaux d'utilité publique : il lui importe de conserver les fondations qu'elle possède : le temps qui nous emmène, après nous avoir fait passer à travers bien des ruines et des luttes diverses, nous ramène aujourd'hui à l'esprit d'association : le gouvernement fédéral semble être appelé à remplir la mission de donner impulsion au progrès de l'enseignement religieux en Suisse, tant chez les protestants que chez les catholiques ; d'établir entre eux des points d'ordre et d'esprit de conciliation pour le bien-être et le triomphe de la morale et des bonnes études théologiques, littéraires et scientifiques, comme philosophie de l'histoire, histoire ecclésiastique, éléments de philosophie rationnelle et conciliante, au lieu d'une philosophie sans cesse agressive et négative. — Personne n'ignore que tout ce qui a trait aux campements, à l'instruction militaire, aux revues, etc., ne peut être le seul moyen de faire l'éducation et le bonheur d'un peuple ; l'avenir de l'enseignement religieux, et l'éducation des personnes qui s'y destinent, ne peuvent que mériter l'attention d'un gouvernement fédéral, conjointement avec ses soins d'une bonne éducation militaire.

☞ Qu'eussiez-vous dit, fondateurs de la liberté au sein des Alpes, Fabricius d'un second peuple Romain, témoins d'un tel attentat contre le droit des personnes et des propriétés, dans le pays que vous avez racheté de votre sang et glorifié de vos vertus. — « Nous avons fait, eussiez-vous dit, de grandes choses parmi vous, enfants
» de noble origine, nonobstant les Couvents de Muri, et d'autres encore, qui ont assisté à la naissance de notre
» liberté. Pourquoi ne feriez-vous pas aussi de grandes choses à côté de ces mêmes Couvents qui furent témoins
» de nos victoires, comme de ceux qui sont venus après.

» Si nous avons réduit au silence vos ennemis du dehors, c'est à vous de combattre les ennemis du dedans :
» la torpeur de l'esprit, l'ignorance, la médiocrité du génie, source de tous vos maux, sont vos ennemis du
» dedans, les seuls que vous ayez à combattre. Si vous voulez tarir la source de vos maux, faites une guerre
» sans relâche à ces ennemis, qui, chaque jour, remportent sur vous un triomphe. Vous voulez détruire, dites-
» vous, pour réédifier ?... Insensés ! ne savez-vous pas que, pour réédifier, il faut apprendre, avant tout, à orga-
» niser ?... — Organisez donc, et, quand vous aurez fait autant que nous, vous serez plus avisés, pour ne pas
» détruire les choses qui n'ont pas nui à la liberté, que vous avez reçue de nos mains.

» Un sentiment vous perd, nous le savons : c'est celui de croire que vous avez fait de grandes choses. Or,
» vous n'avez encore rien fait de grand pour la postérité ; tout ce que vous possédez de grand, et qui fut votre
» gloire, c'est nous qui vous l'avons donné.

» Et quand, à l'ombre des grandes choses que nous vous avons laissées, de grands génies ont paru au milieu
» de vous, dans les sciences et les arts, pour féconder notre sainte liberté, vous avez condamné ces sciences et
» ces arts à l'exil, avec plus de dureté que l'infortuné Bélisaire ne fut chassé de son ingrate patrie.

» Et la révision de nos lois et constitutions en 1830, direz-vous ?... — La révision de nos lois et constitutions ?
» n'oubliez pas que le peuple, le pays, les circonstances urgentes, ont obtenu cette révision de votre indolence
» plutôt que de votre génie. L'Europe législative, qui sut féconder les institutions de liberté par une législation
» de progrès, était là depuis long-temps, attendant que vous, peuple jadis modèle, marchiez aussi dans le progrès
» des lois. Il vous a fallu, en 1830, une influence céleste, pour vous ravir une révision de ces lois que votre
» apathie avait laissé vieillir outre mesure.

» Car vous avez si peu fait pour féconder les grandes choses qui naquirent au milieu de vous (la physique,
» la chimie, la mécanique, la physiologie médicale, etc., sont des sciences d'origine suisse), que la jurisprudence,
» la science du notariat, qui est la loi intelligente appliquée aux besoins de probité, d'ordre et de justice du peuple,
» l'organisation des tribunaux, l'instruction universitaire et secondaire, l'ordre judiciaire, sont loin d'être chez vous,
» le croirait-on ? au même degré de vigueur et de perfection qu'en Autriche et Sardaigne, gouvernements absolus
» qui vous entourent. Vous vous prévalez de votre instruction primaire : votre peuple, dites-vous, est celui qui
» est le mieux *institué* de l'Europe. — Vous lui avez appris, par-dessus tout, la science du calcul. — Insensés ! c'est
» ainsi que l'on forme des qualités de trafiqueurs, mais non des vertus d'un peuple issu de héros — Si vous voulez
» enseigner le calcul des intérêts matériels, placez à côté le calcul des grandes choses, le calcul des prodiges qu'il
» nous a été donné d'accomplir : le calcul des intérêts individuels, sans le calcul des grands intérêts de la patrie,
» ne fera de vous qu'un second peuple Juif, et un peuple qui ne connaît d'autres besoins que les besoins de l'exis-
» tence matérielle. — Votre instruction primaire est vicieuse sur tous points ; elle n'est propre qu'à enfanter la médio-
» crité. Voulez-vous donner à l'instruction primaire tout son éclat et sa force ? instituez sur les bases d'un sage
» progrès l'instruction secondaire et universitaire : sans ces deux degrés supérieurs, l'instruction primaire ressem-
» blerait à un corps qui aurait mille pieds, et point de tête.

» Une bonne instruction secondaire et universitaire féconde la liberté, la fortifie : car il est vrai de dire
» que, dans une patrie comme la nôtre, qui reçoit souvent des atteintes, tant du dedans que du dehors, quelques
» têtes bien organisées valent mieux que cent mille bras. Or, ce sont des têtes bien organisées qu'il vous faut, et
» votre instruction primaire ne peut vous les donner, car elle est plutôt de nature à enfanter l'égoïsme, la courte-
» vue et l'indiscipline.

» Quant aux moines, question digne d'agiter plutôt une tribu de femmes qu'une famille d'enfants de héros,
» n'oubliez pas que, quand nous vous avons conquis le précieux héritage de liberté, nous avions peu de sciences
» pour féconder cette liberté. Les moines, plus instruits que nous, furent vos maîtres d'école, veillèrent au berceau
» de votre civilisation : les arts et les sciences, qui ont fait tant d'honneur, plus tard, à notre patrie, ont été impor-
» tés au sein de nos monts déserts par les moines ; la culture des terres et de la vigne, avec un art perfectionné,
» le tissage des laines et de la soie. Le seul reproche que nous pourrons faire à ces moines, que vous persécutez

» à contre sens, des reproches que vous seriez en droit de leur adresser, c'est d'avoir importé au milieu de vous
» un art qui, de nouveau perfectionné par vous, vous donna pendant long-temps une réputation de petits Apicius.
» La frugalité sans art, une vie dure, l'amour des dangers, des travaux rudes et pénibles, étaient des vertus dont
» l'exemple vous est exclusivement venu de nous, aussi-bien que nos marches précipitées au-devant de l'ennemi ;
» et nous eussions pu nous passer des moines pour faire de nos enfants des gens plus aptes à goûter les choses de la
» table que les grandes choses qui fécondent la noble liberté ; mais nous devons vous déclarer que les moines
» nous ont souvent secondé par leurs lumières, leur exemple d'indépendance, d'ordre et d'esprit d'association :
» ils étaient, au reste, comme vous le savez, les premiers républicains du monde chrétien : les vices et les vertus
» des moines ont été les vices et les vertus des républiques, vos vices et vos vertus à vous.

» Mais les moines, dites-vous, sont devenus les ennemis du progrès et des institutions que vos mains veulent
» féconder : s'ils sont devenus vos ennemis, c'est qu'au lieu de les traiter, en toute circonstance, avec les égards
» dus à tout citoyen, et avec les procédés dignes des enfants d'une noble liberté, vous les avez rudoyés, en leur prodi-
» guant des propos que vous eussiez pris garde d'entendre, vous, si on vous les eût adressés. — Vous leur reprochez
» d'être restés stationnaires... Ah ! n'oubliez pas que ce reproche s'adresse plutôt à vous, à qui nous avions laissé
» tant d'exemples d'émulation et de progrès, pour marcher toujours avant dans le noble sentier que nous vous
» avions tracé. Vous voyez maintenant que vous avez plus besoin d'organiser que de détruire, et, sur-tout, que
» de commettre un attentat contre la réputation de probité qui vous fut laissée, et qui vous est parvenue intègre
» à travers les guerres civiles, les discordes de tout genre, calamités inséparables de la vie humaine, et qui ont
» déchiré votre patrie. Maintenant que les institutions de liberté dont nous avons doté l'Helvétie, et dont l'occident
» de l'Europe commence à tirer un généreux parti, germent avec fécondité, il siérait mal à vous, nos descendants,
» de vous montrer sur le théâtre de cette civilisation avec un attentat liberticide : vous ressembleriez à ces petits
» enfants, milice des places publiques, et sans pères connus, qui, lorsqu'un grand acte s'est passé sur un théâtre,
» n'ont rien de plus empressé que d'y courir en foule, pour y étaler un désordre de tout genre.

» La médiocrité, cette courte-vue de l'esprit, ne l'oubliez pas, a toujours fait la guerre à tout ce que votre
» pays a enfanté de grand. Vous le savez, à peine les lauriers de Sempach et de Næfel furent reverdis dans les
» plaines de la Lombardie, que la médiocrité envahit votre pays en tout point, comme les insectes ailés poursuivent un
» généreux coursier au jour de victoire. En faisant la guerre à votre torpeur intellectuelle, qui n'est pas autre que
» votre médiocrité dans les sciences et les arts, en restaurant chez vous l'instruction secondaire et universitaire,
» qui donne à toutes les nations qui vous entourent une prééminence sur vous, vous donnerez à votre pays
» une allure pleine de dignité, constante, ferme et assurée ; car, sans toutes les notabilités de génie et de sagesse que
» Dieu, qui nous protége, suscite au milieu de vous de temps à autre, pour nous défendre et nous faire res-
» pecter au dehors, notre pays fût devenu un amas de ruines de grandes choses passées. »

Haut donc le cœur et la pensée, enfants de noble origine ! pour ne point blesser
le devoir qu'exige de vous la noble liberté.

Première page, douzième ligne. Initiatrice par-dessus tout.

La Suisse a initié la France aux institutions de liberté, par le triomphe de Guillaume Tell ; à la chimie, par Paracelse ;
à la physiologie médicale, par Haller ; aux sciences de l'histoire naturelle, par les savants qui illustrèrent l'académie de Genève
dans le quatorzième siècle ; aux mathématiques, à l'astronomie et à la linguistique des livres grecs et hébreux, par les savants
qui illustrèrent la ville et l'université de Basle, dès les temps les plus reculés ; aux sciences mécaniques, par les anciens ateliers des
villes de Neufchâtel et Zurich ; à l'imprimerie, par l'illustre Gehring, de Lucerne, dont la Sorbonne a bien voulu conserver la
mémoire, etc., etc. Le canton de Berne, par l'esprit d'une sage administration, et son habileté dans les négociations, la *codification*
des lois écrites du pays, et la savante commentation des lois coutumières, a précédé la France de plusieurs siècles.

Deuxième page, vingt-quatrième ligne. La diète n'est pas une souveraineté.

La diète n'est pas une souveraineté dans le vrai sens du mot, c'est-à-dire, à l'exclusion d'une souveraineté cantonale quelconque :
elle peut être comparée à la raison commerciale de plusieurs maisons associées, avec solidarité réciproque : une d'entre elles
voulant faire faillite frauduleuse, la raison commerciale enlève à l'instant au failli tout pouvoir de contracter désormais, et inter-
vient pour apposer ou faire apposer les scellés sur ses meubles et immeubles, sans autre souveraineté que celle que lui donne
la loi ou droit commun, pour empêcher un mal qui retombe sur elle, et partant sur la société.